JN419554

일상에서의 멈춤

일상에서의 멈춤

조정미 시집

그림과책

먼저 하나님께 진심으로 감사드립니다.

우리의 모든 삶이 모든 기대가 현실이 되길 기도하면서 이 책을 고난 속에서 애타는 울부짖음으로 내게 되었습니다.

시를 사랑하고 삶을 사랑하는 분들과 교감하고 싶습니다. 하나님의 귀에 들리길… 이 간절함이 능력이 되길 기도하면서 오늘 하루도 영혼이 잘됨같이 범사에 잘되길 원하고 바라며….

2025년 여름날

조 정 미

차 례

5   시인의 말

1부

12   봄날

15   3월의 봄

16   詩로 여는 3월

18   4월

21   봄의 열차

22   경칩

24   봄바람 난 것 맞지

27   봄을 훔친 마음

28   이별

30   용화 장호에서

33   소문내지 마

34   쪽빛 하늘

37   신록

38   사라져 가는 것의 아름다움

41   어느덧 봄날이 한 가득 와 있네

2부

44   행복해진다는 것

47   8월의 나무

48   비 그친 새벽 산에서

50   유월

53   하지

54   장마

55   장미공원

56   나의 검소함을

57   일상에서의 멈춤 1

60   일상에서의 멈춤 2

62   그리움의 바다

64   8월을 보내며

3부

68 시월이 오면

70 가을

73 깊어가는 가을

74 소나무

75 친정어머니

76 행복 1

77 행복 2

79 낡은 일기장

80 달빛 감사

82 11월 즈음

84 하늘 마음

85 달빛 소나타

86 가을 달빛

87 후진 바닷가 하늘

4부

90 첫눈이 내리는 날

92 소한 추위

94 한 번

96 태백산

98 새해를 맞이하면서

100 기쁨

101 그리움

104 해설

1부

마음이 가게 되면 서로 한마음 되고
몸이 안 가더라도 합력하여 선을 이루지요
마음도 따라가는데 마음만 서로에게 가서
꽃 피어나 그대인 듯 꽃 본다지만
나오는 꽃송이들은 어쩔 수 없어요

봄날

푸르름이 가득하여
시선이 머물던 생명력이 넘치는
아름다운 세계로 싱그러운
바람을 타고 날아갑니다

꽃들과 푸른 잎들의 내음
천상의 세계인가 누망해 봅니다

망울 터트리며
채색되어 피어오르는 꽃송이들

나무 사이를 어루만지며 부는
시원한 바람 소리 순결한 환희

3월의 봄

맹방에 유채꽃 향기
늘어진 마음
흔들어 놓으면

낮은 산자락
노란 산수유
봄을 재촉하고

들녘은 이랑마다
초록 눈
어디고 떠나야겠다

갯가에 버들강아지
살이 오르는 삼월에는
어디고 나서야겠다

봄볕 성화에 견딜 수 없기에

詩로 여는 3월

봄이 그냥 지나요

올봄에도
당신 마음 여기 와 있어요

여기 이렇게 다니는 길가에
꽃들 피어나니 내 마음도 지금쯤
당신 발길 닿고 눈길 가는데
꽃 피어날 거예요

생각해 보면 마음이 서로 곁에 가 있으니
서로 외롭지 않을 것 같아도 우린 서로
꽃 보면 쓸쓸하고 달 보면 외롭고
저 산 저 새 울면 밤새워 뒤척여져요

마음이 가게 되면 서로 한마음 되고
몸이 안 가더라도 합력하여 선을 이루지요
마음도 따라가는데 마음만 서로에게 가서
꽃 피어나 그대인 듯 꽃 본다지만
나오는 꽃송이들은 어쩔 수 없어요

당신도 꽃산 하나 갖고 있고
나도 꽃산 하나 갖고 있지만
그 꽃산 철조망 두른 채 꽃 피었다가
꽃잎만 떨어져 짓밟히며
새봄이 그냥 가고 있어요
그러나 한마음으로 온기를 느끼고 있네요

4월

뒷모습이 아름다워야
정말 아름다운 사람이다

뒷맛이 개운해야
참으로 맛있는 음식이다

뒤끝이 깨끗한
만남은
오래오래
좋은 추억으로 남는다

봄의 열차

오기는 오는가 보다
찬 공기에 비바람에
그리도 앙탈 부리더니

한 걸음 한 걸음에
우리 곁에 오고 있구나

산수유 가지에 오듯이
맹방 유채에 오듯이
우리들 가슴에도
살포시 찾아오기를

근간 맹방에 유채꽃 향기
오랜만에 타보는 봄의 열차
솟아오르는 쾌청한 날이다

어디고 떠나야겠다

경칩

텃밭 거름더미에서
모락모락 더운 김이 솟아오른다
땅 심이 기지개를 켜는
살아 있는 땅의 맥박이다

나뭇가지마다 단물이 차오르고
달콤한 바람을 손에 담으니 구름이 내려와
촉촉한 물방울을 뿌리고

땅을 구르니 일제히 솟아오르는
푸른 싹들의 아우성

정녕 봄이 숨어 있는 땅
경칩날에

지구의 숨바꼭질이
게으른 대지를 깨운다

봄바람 난 것 맞지

언제부터 창 앞에 새가 와서 노래하고 있는 것을
나는 모르고 있었다
심산 숲내를 풍기며
5월의 바람이 불어오는 것을
나는 모르고 있었다

나는 오월 속에 있다
연한 녹색은 나날이 번져 가고 시작할 것이다

봄을 훔친 마음

봄 산은 순산 중이다
봉황산 광진산 덕봉산 남산 근산
만삭의 배를 움켜쥐고 고사리 취나물 우산나물
능게승마 두릅나물 미역취 낳고
나무들은 쬠쬠거리는 손가락으로
연녹의 꿈을 그리는데
바람의 유혹에 넘어간 꽃들은
숨 넘어갈 듯 토악질을 해댄다

온 산 가득
봄의 울음소리

이별

이별이란
별이 두 개라는 뜻이냐고
네 살짜리 손주가 묻는다

그래 언제나 꺼지지 않는
두 개의 별이 반짝이며 만난다는
노란빛 설렘
그저 달려왔던 그리운 시간
익숙하고도 소중했던 일상들

평생 주머니에 사랑을 담고
덕심으로 가득 찼던 봄날 같은
소소한 행복

활짝 웃는 풍성한 날들
떠나려 하네
유채가 목말라 우네

용화 장호에서
−꽃들의 향연

진달래 개나리 철쭉의
웃음소리 크게 들리고

벚꽃과 유채 목련의
환한 빛으로 온 세상 밝은

4월의 꽃들 지천으로 피는데
마음 약해지지 말자

4월에는
그냥 좋은 생각만 하며 살자

한철을 살아가는 꽃들도
저리도 해맑게 웃는데

한세상 살다가는 나도
환하게 웃자

소문내지 마

나
바람이 났나 봐
아무래도

손에 쥔 책장을 넘기는 속도가 점점 느려지고
끄적거리는 글마다 한 문장도 완성할 수 없고
몽글몽글 눈 뜬 산수유 노랑에
금세 그렁그렁 물기 차올라
아무 일도 할 수 없고
벌렁거리는 가슴팍 훤히 열어 놓고
동네방네 쏘다니고 싶어 장미공원 덕봉산 후진
이런 나

쪽빛 하늘

머얼리 가지 못하게
주의 중입니다

가슴에는 빨간 장미
오월을 드립니다

하루이틀 머물다 갈
그런 바람은 아닌 듯

당신에게 좋은 일들이
많이많이 있을 것 같아

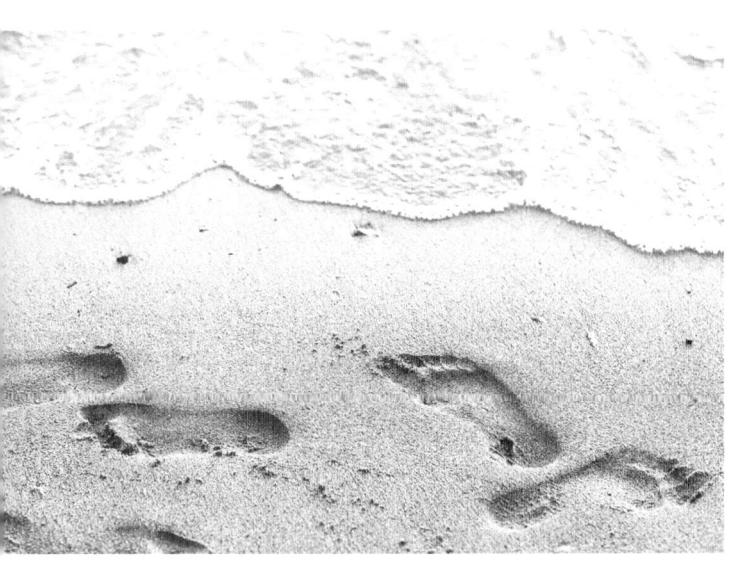

신록

글귀를 후진 바닷가 모래 위에 써놓고
나는 돌아왔다

신록을 바라다 보면
6월의 연한 연녹색
이파리들이 참으로 즐겁다

내 나이를 세어보면 무엇하리
난 6월 속에 있다

연한 녹색은 나날이
번져가고 있다
어느덧 짙어지고 말 것이다

머문 듯 가는 것이 세월인 것을
유월엔 원숙한 여인같이 녹음이 우거지리라

태양은 정열을 퍼붓기 시작하네
밝고 맑은 6월도
지금 가고 있네

사라져 가는 것의 아름다움

연분홍 벚꽃이 떨어지지 않고
항상 나무에 붙어 있다면
사람들은 벚꽃 구경을
가지 않을 것이다

활짝 핀 벚꽃들도
한 열흘쯤 지나면
아쉬움 속에서
하나둘 흩어져
떨어지고 만다

사람도 결국 나이가 들면
늙고 쇠잔해져 간다

사람이 늙지 않고
영원히 산다면
무슨 재미로 살겠는가

이 세상 가는 곳곳마다
사람들이 넘쳐 나
발 디딜 틈도 없이

말 그대로 이 세상은
살아있는 생지옥이 될 것이다

사라져 가는 것들에
아쉬워하지 마라

꽃도
시간도
사랑도
사람도
결국 사라지고 마는 것을…

사라져 가는 것은
또 다른 것들을 잉태하기에
정말 아름다운 것이다

흐르는 물은
내 세월 같고
부는 바람은
내 마음 같고
저무는 해는

내 모습과 같으니
어찌 늙어보지 않고
늙음을 말하는가

이 아름다움을

어느덧 봄날이 한 가득 와 있네

옛날, 아주 옛날엔

봄날 아지랑이

따스한 햇살

냇가 버들강아지 보면서

마음이 부풀고

괜히 행복한 느낌이 들고 그랬었는데

지금도 좋지만

그 나잇대가 좋았었던 듯

2부

따뜻한 식사를 하고

얘기를 나누다가

마시는 행복의 커피

행복해진다는 것

식사 끝내고
커피를 마시며 걸을 때
파도 같은 감동이
밀려와 행복했어

그때 알았어
커피 한잔도
마시는 사람에 따라
느낌이 달라진다는 것

따뜻한 식사를 하고
얘기를 나누다가
마시는 행복의 커피

쉿!
이건 비밀이야
너와 마시면
행복해진다는 것

8월의 나무

산새 지저귀고
소낙비 지나가는데

나무가 생각에 잠겨 있네

산길을 걷다가
벤치에 앉아
숨을 크게 쉬어봐요

나무야! 8월의 하늘이
참 푸르구나

철들지 마라 철들지 마라
이대로 푸르러 있어라

매미 소리는 왜 저리도
애처로우나

비 그친 새벽 산에서

비 그친 새벽 산에서
나는 아직도 그리운 사람이 있고

산은 또 저만치서 등성이를 웅크린 채
창 꽂힌 짐승처럼 더운 김을 뿜는다

이제는 그대를 잊으려 하지도 않으리
산을 내려오면
산은 하늘에 두고 온 섬이었다

날기 위해 절벽으로 달려가는 새처럼
내 희망의 한 가운데에는 텅 비어 있었다

유월

개망초 흰 꽃무리
꽃사래 쳐선
하늘가에 뭉게구름
피워올리고

뭉게구름 저편에
두 눈을 두고서
찬밥 몇 술 삼키는
우리네들

발아래 다랑논은
아직도 종종
심어논 어린 모는 바람에 살랑

시절은 늦은 유월
진초록인데
신작로엔 행락 차량 즐비도 한데

우두둑대는 우리들
허리를 쓸며
온 들녘엔 쓰라린 쑥국새 울음

하지

장맛비 잠시 멈춘 하늘 사이

자귀나무 붉은 꽃등을 켰다
주먹만 한 하지감자
뽀얀 분나게 찌고
아껴두었던 묵은지
꺼내는 순간
어디선가 들리는 매미의 첫 울음소리
놋 요강도 깨질 듯
쟁쟁하다

장마

생각이
많은 하루를 만나고

고민이
많은 사람들을 만나고

빛나는
태양이 떠난 자리에

장마는
바람과 비를 뿌리고

마음은
솜이불처럼 축축하게

무거운
하늘도 먹구름도 싫다

태양아!
이 땅에 빨리 빛을
비춰 줘

장미공원

햇빛이 장미꽃 위에 앉아
초록빛

빨간 장미꽃 위에 앉아
빨간 불빛이 되고

나비 위에 앉아
노랑 불빛이 되고

팬지꽃 위에 앉아
보라 불빛이 되는

일곱 색깔 무지갯빛 장미들

진한 향들도
일곱 빛깔 무지개 향

나의 검소함을

오늘 아침을 다소 행복하다고 생각하는 것은
한 잔의 커피와
아침을 하고도 버스값이 남았다는 것

오늘 아침을 다소 서럽다고 생각하는 것은
잔돈 몇 푼에 조금도 부족함이 없어도
내일 아침 일도 걱정해야 하기 때문이다

가난은 내 직업이지만
비쳐오는 이 햇빛에 떳떳할 수가 있는 것은
이 햇빛에도 예금통장은 없을 테니까

나의 과거와 미래
사랑하는 내 아들아
내 무덤가 무성한 풀섶으로 때론 와서
괴로웠음 그런대로 산 인생
여기 잠들다, 라고
씽씽 바람 불어라
햇빛도 비춰주라

일상에서의 멈춤 1

맴맴맴맴
쌔애애애애~~~
싸알싸알싸알싸알알아 ~~
쌔알쌔알쌔애애애~~
저마다의 소리로 짝꿍을 찾는 매미들
노랫소리 들어보면 성질 급한 놈인지
느긋한 놈인지 대충 짐작 ㅋㅋㅋ
아침부터 요란하게 동네를 어슬렁거린다
우리 세상 사람들과 흡사한 것 같다

지금껏 앞만 향하여
행진하다가
일상에서의 멈춤을 해본다

넘 자유롭고 편하다
눈치 보며 소리를 멈추고 지나가면
다시 노래하고
사진이라도 찍으려 하면
금방 날아가 버린다
이 매미가 수학을 잘한다고 하니
본능은 무섭다

천적을 피하기 위해 땅속에서
7년 13년 17년을 기다렸다 나온다고 하니
생존 전략
그 안에 숨겨진 생명의 본능
자손보존의 본능
창조의 원리가 심오하다

가만가만 산책하니
바람이 불어주고
매미 소리 친구 삼아 아침 산책했다
햇살은
부채로 내 몸의 열을 식힌다
밤새 열대야를 느끼지 못하고
잘 수 있어 좋다

산책
한낮이라 사람들이 안 보인다
양산 쓰고 숲속을 걸으니
매미도 더운지 떼창을 멈추고
간간이 한 마리씩 운다
하늘은 맑고

흰 구름은 둥실둥실 떠다니며

노을 사진 찍으려고 신호 대기하다가
해가 넘어가 버렸다

일상에서의 멈춤 2

쉼표 없는 악보가
아름다운 음악을 만들어낼 수 없듯
쉼 없는 삶 또한
온전하게 지속하기 어렵습니다
멈추지 않고 달리기만 하는 사람의 마음은
점차 닫히고 생각이 좁아지며
무기력과 우울감에 빠지기 쉽습니다

쉼은 단순히
일을 멈추는 것에 그치지 않고
사람을 성취로만 평가하는 것을 그치게 합니다
또한 각 사람 안에 있는
고귀한 하나님의 형상을 재발견하게 합니다

쉼은 욕망에서 벗어나
하나님의 뜻에 귀 기울이게 합니다
자신의 욕심에만 몰두한다면
근심과 걱정은 끝이 없지만,
쉼 속에서 그 모든 욕망도
자기중심적인 시도도 내려놓을 수 있다

참된 쉼은
하나님 앞에
자신을 다시 세우는 시간입니다
쉼을 통해 우리 멈춤 합시다

그리움의 바다

누군가의 마음을
헤아리는 것보다
차라리 바닷가에 앉아
모래알의 숫자를
세는 게 쉬울 것 같다

수없이 많은
모래알이 밀려와야
조그만 백사장이
되지만

나의 그리움은
파도만 조금
밀려와도
금세 바다가 되네

온 종일 바람이 되고
파도가 일렁이네

먼 길을 걷고
또 걸어 본다

끝이 없는
모래사장 길

8월을 보내며

팔월은
여름을 옆에 끼고
가을꽃 향기 머무는
구월이 손짓하는 곳으로
눈 돌리고

소낙비로 씻어내린
푸른 하늘가엔
청아하고 맑은 그리움이
하얀 구름 타고 날아든다

수채화로 물들였던
지난여름 추억은
썰물에 밀려가듯
소리 없이 떠나가고

코스모스 입맞춤 그리워
맴도는 고추잠자리와 함께
팔월을 보내는
배웅에 나섰다

3부

거친 바람 여기저기 방황하고

피폐해진 내 마음같이

석양이 오기 전

멈추길 간절히 기도하네

시월이 오면

시월이 오면
땅이 마음 여는 시월
너를 위해
토끼풀 깔아 놓을게

시월에 내가 세상에 나오듯
씨가 세상 되겠지

수수한 꽃들
사이사이에 피어

별들도 초대해야지
반지도 시계도 만들고

거짓의 고통에
물들지 않도록
사랑해야지

새도 나무도 사람들도
불러내야지

춤추는 시월
하늘만큼 좋아

가을

하늘 향한 그리움에
눈이 맑아지고
사람 향한 그리움에
마음이 깊어지는 계절

풍성하고 축복하는
바람의 말에 귀 기울이며
삶을 사랑하고, 사람을 용서하며
산길을 걷다 보면

톡, 하고 떨어지는
조그만 도토리 하나
내 안에 조심스레 익어가는
회개의 기도를 닮아가고 있네

깊어가는 가을

하늘 향한 그리움에
눈이 맑아지고
사람 향한 그리움에
마음이 깊어지는 계절

풍성하고 축복이 있는
바람의 말에 귀 기울이며
삶을 사랑하고
사람을 용서하며
산길을 걷다 보면

툭, 하고 떨어지는
조그만 도토리 하나
내 안의 참회를
일구어 내고
맑은 하늘
올려다 본다

소나무

거실에 소나무 한 그루
힘들고 괴로운 일 있을 때
계획했던 일에 게으름 발동할 때
눈앞에 작은 이익에 도덕 체면 내던져 버리고 싶을 때
소나무는 변치 않는 푸르름으로
내게 충고한다
시작할 때 순수함 잃지 말라고
행복으로 빛나는 눈으로
항상 변치 않는 푸르름으로

친정어머니

이제 해거름 바쁜 당신의 세월
아린 아픔들이 쪽빛 태양에 걸려 오고
당신의 나른한 등 뒤에서
건져 올린 흰 명주 손이 두 눈을 시리게 하네

한땀 한땀 정성들인 그 삶이
이 순간 당신 어깨에 실려 오면
밤새워 깁고 깁는 공허한 여백

진박한 미소 끝에 어우러지는 행복의 긴 그림자
오랜 날을 빛 보라 뿌리면서
살아오신 신앙의 많은 날들이 한없건만

무리져 구르는 낙엽 소리에 세월 가는 소리

행복 1

저녁때
돌아갈 집이 있다는 것

힘들 때
마음속에 생각할
사람이 있다는 것

외로울 때
혼자서 부를 노래가 있다는 것

행복 2

수평선 아른거리고 파도 넘실대는
바닷가에서 아침에 눈을 떠
모닝커피를 마신다

고독을 이겨내지 못하고 피멍 들 만큼
힘겹게 지나온 시간들

스치듯 달려온 인내의 세월이
어둠들을 몰아내며

파장하여 문을 닫는
해수욕장 같다는
마릴린먼로의 마음처럼

행복의 파랑새를 잡으려는
몸부림

모두 한순간의 행복
영원한 행복은 구원의 기쁨

낡은 일기장

언제부터인가 눈에 띈
낡은 일기장

그 속에 퇴색되었지만
두 개의 노오란 은행잎

마지막 잎새 같은
일기장 속의 은행잎
일기를 써 내려간
그 마음 들여다본다

그 향기 냄새 추억에 잠기게 하고
일기장 주인은 떠났지만
흐뭇한 미소에 모정의 탑
쌓아 올린다

달빛 감사

초승달에서 보름달까지
그대라는 달빛이 있었기에
어둠의 날을 밟고 올 수 있었지

오늘 누리는 풍성함은
그대라는 빛나는 선물 덕분이에요

보름달 보자기에 축복의 과일을 싸서
향기로운 그대에게 보내요

달빛처럼 넉넉하고 푸근한 사랑
나누길 빌어본다
달밤에

11월 즈음

비가 오려나
흐린 하늘에
바람이 분다

단풍나무 은행나무
잎이 다 떨어지면
안 되는데

덜컹거리는 베란다
창문 소리

손주들이 놀던
앞마당에 단풍나무 은행나무
춤을 추네

식탁 유리 밑 손수늘이
따다 놓은 은행잎 단풍잎
시들어 가는데

창문 밖 마당에
아기 단풍나무

지쳐 보인다

거친 바람 여기저기 방황하고
피폐해진 내 마음같이

석양이 오기 전
멈추길 간절히 기도하네

하늘 마음

가을 풍경 파아란 하늘 보며
시곗바늘 거꾸로 돌려놓고 있다

사랑과 행복 꿈꾸며
활력을 불어넣으면

때론 코스모스처럼
청초하고 여린 모습처럼
약한 듯하나

바다처럼 미소 짓는
넓고 강한 하늘 마음

삶 바라보며 인생의 바람
손짓하네

달빛 소나타

하늘 저편 기슭에
후진의
텅빈 마당에 소리 없이 내려앉다

한지 바른 문풍지 사이로 수줍게 스며든 달빛은
베갯잎을 흥건히 적신다

베갯잎을 쥐어짜니 달빛이 뚝뚝 떨어진다

머무르고 머무르지도 않는 모호한 달빛의 흐름 속에
나의 의식은
이 한밤을
가늠할 수 없는
기억 저편으로 이동한다

가을 달빛

베란다 안 달빛 품어 두던 밤
적막 같은 고요가 더 적요하다

모두 잠든 집집의 베란다
달빛 속으로 어둠은
은밀히 숨었다

새벽 어느 집 현관 벨소리
온몸 기울여 듣는
달빛 품은 하얀 박꽃

후진 바닷가 하늘

가슴 트이는 바다가 있어서 좋다
벽에 매달린 붉은 장미
더 싱싱하게 더 아름답게
이 계절만 잊지 말고
숨결을 남겨주오
예배 마친 후 바다로 나가 보았다
모래에 맨발을 가만히 대 보고
왁자지껄한 소리들

4부

달달한 첫눈 내리는 날

너와 함께

눈을 맞고 싶다

얼었던 나뭇가지들도

새벽 바람 사이로

첫눈이 내리는 날

하늘이 하얀 꽃잎을
너에게
하염없이 뿌려준다
하얀 꽃처럼 아름답다

달달한 첫눈 내리는 날
너와 함께
눈을 맞고 싶다
얼었던 나뭇가지들도
새벽 바람 사이로

얼굴 살짝 내밀고
설레이는 마음은
동심으로 돌아가
유년 시절 추억을
그리워하네

작은 바람에도 쉬이
스러지는
우산은 날려 보내고
하염없이 눈을 맞네

애잔한 리앙스
살며시 다가온 행복

소한 추위

날씨가 춥다
마음도 춥다
영하의 기온이 되면 추위와 함께
슈베르트의 겨울 나그네(겨울 여행)
순례자가 되어 찾아온다

소슬한 바람이 마음에 불어
나비인 듯 날아 마음이 닿는 곳

맘 같지 않은 세상
그 맘 다 알아줄 수는 없지만
늘 곁에 함께
하루가 멀다 일들이 있어
그대 안위에 맘이 쓰였소

그날
소소하여도 좋은 그날
숨 한번 쉬고 마음 내려놔 주오

너무 바람도 많이 불고 춥고
그대 안위에 맘이 쓰였소

밤새 안녕했냐고
들려오는 목소리 그 속 가득한
당신의 걱정 쉽게 헤아릴 수 없는
당신의 한숨

그대가 물어봐 준 나의 하루
그 작은 한마디에
많은 것이 눈부시게 빛나고
녹아내려 사라지죠

계절은 끝없이 추운 계절로 변하고
시간은 잡을 수 없어도
그대가 원한다면
언제든 다 들어줄 수 있어요

날 보는 당신의
아름다운 모습을 보며 웃는 나
어제보다 좀 더 따뜻해진 오늘

내 걸음으로 세상 가기도
쉽지 않다

한 번

사는 것도 한 번
죽는 것도 한 번

모든 것이 단 한 번

누군가
돌아온다고 했지

누군가
다음 생에서
또 보자고 했지

난
안 믿어

단 한 번
모든 것이 영혼이 천국이므로

이리 괴롭고

한 번이므로

도리어

아!

성실해야만 하였네라

태백산

눈이 내린다
기차 타고 태백에 가야겠다
배낭 둘러메고 나서는데
등 뒤에서 신랑이 구시렁댄다
지가 열일곱 살이야 열아홉 살이야

구시렁구시렁 눈이 내리는 산등성
숨차게 올라가는데 칠십 고개 넘어선 노인네들이
여보 젊은이 함께 가지

앞지르는 나를 불러 세워
올해 몇이냐고 쉰일곱이라고
그 중 한 사람이 말하기를
좋을 때다

살아 천년 죽어 천년 산다는
태백산 주목이 평생을 그 모양으로
허옇게 눈을 뒤집어쓰고 서서
좋을 때다 좋을 때다
말을 받는다

당골집 귀때기 새파란 그 계집만
괜스레 나를 쳐다보네
늙었다고 하네

지금 보면 뭐라 그럴까
이젠 내가 70 되어가는데

새해를 맞이하면서

1월의 밤이 깊으면 밤에 고요히 홀로 앉아
일기장을 펴고
한 해를 돌아본다
나에게 올해의 선물로 다가온 귀인은
누구였을까

나를 남김없이 불살라 빛났던
올해의 시간은 언제였던가

세상을 조금 더 희망 쪽으로 밀어올린
올해의 선업은 무엇인가

아 누구보다 더 열심히 살았는데
상처를 준 적은 없었는지

모질었던 그늘은 없었는지
딛고 올라선 열정 있었던가

가만가만 눈이 내리고 여명이 밝아온다

새해에는 누군가의 선물이 되고

별의 시간이 되는

귀인이 될 수 있을까

기쁨

친구가 멀리서 와
재미있는 이야길 하면
나는 깔깔 웃어 재낀다

그때 나는 기쁜 것이다
기쁨이란 뭐냐? 라고요?
허나 난 웃을 뿐

기쁨이 크면 웃을 따름
꼬치꼬치 캐묻지 말아라
그저 웃음으로 마음이 찬다

아주 좋은 일이 있을 때
생색이 나고 활기가 차고
하늘마저 다정한 아버지 같다

그리움

화려했던 젊음도
이제 흘러간 세월 속에
묻혀 가고

추억 속에 잠자듯
소식 없는 친구들이
가끔씩 그리워진다

서럽게 흔들리는
그리움 너머로
보고 싶던 얼굴들도
하나둘 멀어져가고

지금껏
멈출 수 없을 것만 같이
숨막히도록 바쁘게
걸어왔는데

어느새 이렇게
서산까지 왔는지
안타까울 뿐이다

흘러가는
세월에 휘감겨
휘몰아치는 생존의
소용돌이 속을
용하게도 빠져
나왔는데

뜨거웠던
열정도 이제
온도를 내려 본다

삶이란 지나고 보면
이토록 빠르게
지나가는
한순간인 것을
남은 세월에 애착이 간다

보고 싶은 얼굴들
만나고 싶은 친구들-!

오늘도 그리움 담으며
행복을 빌어본다

일상 속 존재의 순간들 - 멈춤과 깨어남의 시학

손근호(시인·평론가)

이 시집은 일상의 소소한 순간에서 발견하는 존재의 본질과 그 순간의 의미를 탐구한다. 시인은 반복되는 일상 속에서 우리가 무심히 지나치는 '멈춤'을 통해 비로소 삶과 존재의 깊이를 자각하도록 이끈다. 이 제목은 '일상'이라는 친근한 공간에서 '존재'의 의미를 포착하고, '멈춤'이라는 행위를 통한 내면적 깨어남을 담아내며 시집 전반을 아우른다.

조정미 시집 『일상에서의 멈춤』은 현대인의 분주한 삶 속에서 흔히 간과되는 '멈춤'과 '존재의 순간'을 시적으로 포착한 데서 독보적인 가치가 있다. 일상의 작은 시간들이 가지는 무게와 의미를 깊이 성찰하며, 자연과 인간, 내면과 외부 세계를 하나로 엮는 시적 언어는 탁월하다. 특히 시인은 계절의 흐름과 자연의 변화 속에 내재한 존재론적 의미를 섬세하게 탐구한다. 이는 단순한 풍경 묘사를 넘어, 자연과 인간의 감정, 그리고 관계의 동시성을 고찰하는 점에서 한국 현대 서정시의 새로운 지평을 연다.

시집에서 나타나는 '멈춤'은 일시적 정지가 아니라, 내면의 성찰과 감각의 회복, 그리고 삶의 리듬을 재조정하는 능동적 행위로 그려진다. 이러한 시선은 현대 사회에서 시간의 압박과 정보 과잉에 시달리는 독자들에게 깊은 공감을 이끌어 낸다. 또한, 조정미 시인은 평범한 일상 속에서 발견한 사소한 순간들을 시적으로 부각시키며 독자의 내면에 숨겨진 감정을 일깨운다. 그로 인해 시집은 누구나 쉽게 접근할 수 있는 친근함과 동시에 깊은 철학적 울림을 지닌다.

더불어 이 시집은 전통적 자연시의 서정성과 현대적 실존적 사유를 융합하여 독특한 문학적 색채를 완성했다. 자연과 인간의 경계가 허물어지는 서정적 공간에서, 시인은 고독과 연대, 침묵과 소통이 공존하는 복합적 감정을 탐색한다. 특히 '봄', '여름', '가을', '겨울'이라는 계절적 틀을 통해 시간과 존재, 관계와 내면이 교차하는 다층적 의미망을 구축하는 점이 두드러진다. 이는 조정미 시인이 단순한 자연 묘사자가 아니라 존재론적 탐구자로서 독자성을 확보하는 중요한 지점이다.

종합하면, 『일상에서의 멈춤』은 현대인의 삶에서 잊히기 쉬운 '멈춤'과 '깨어남'을 아름다운 시어와 철학적 통찰로 재구성한 작품집이다. 문학적 우수성은 물론 독자적 세계관과 감각적 표현력에서 남다른 독보성을 보여, 한국 현대시의 새로운 가능성을 제시하는 시집으로 평가할 수 있다.

이 시집을 관통하는 네 가지 핵심 키워드는 '멈춤', '존재', '관계', 그리고 '자연'이다. 먼저 '멈춤'은 단순한 정지를 넘어, 삶의 흐름 속에서 의미를 되새기고 내면을 들여다보는 능동적 행위이다. 시인은 '멈춤'을 통해 우리가 일상 속에 갇힌 자아에서 벗어나 존재의 본질을 새롭게 발견하도록 이끈다. 이는 현대인의 빠른 속도와 경쟁 사회에서 놓치기 쉬운 '깊은 호흡'과 같은 시간이다.

'존재'는 시집의 중심 철학이다. 조정미의 시에서는 존재가 시간과 공간 속에서 어떻게 드러나고 변화하는지, 그리고 그 존재가 다른 존재들과 어떻게 연결되는지를 섬세하게 탐구한다. 존재는 고독하면서도 동시에 타자와의 교류 속에서 비로소 완성되는 '공동체적 존재'로 나타난다.

'관계'는 인간과 자연, 개인과 공동체 사이의 상호작용을 뜻한다. 시인은 자연을 단순한 배경으로 삼지 않고, 인간과 동등한 '관계자'로 설정해 존재의 연대를 강조한다. 이를 통해 시는 내면과 외부 세계의 경계를 허물고, 서로가 서로를 일깨우는 '함께 깨어남'을 묘사한다.

마지막 '자연'은 시집에서 생명력과 시간, 그리고 존재의 변화를 상징하는 근원적 모티프로 작용한다. 자연의 변화는 인간 존재의 변화와 밀접하게 맞물리며, 시인은 이를 통해 삶의 순환과 일시성, 그리고 영원성을 동시에 드러낸다. 자연은 시인의 감정과 철학을 투영하는 거울이자, 독자에게 존재론적 성찰을 유도하는 창구가 된다.

이 네 키워드는 서로 긴밀히 연결되어, 일상에서 멈추는 순간 우리가 존재를 자각하고, 타인 및 자연과의 관계 속에서 의미를 찾는 과정을 입체적으로 그려낸다. 따라서 『일상에서의 멈춤』은 이 키워드를 통해 '삶의 깊이'와 '존재의 아름다움'을 다층적으로 보여 주는 작품집이라 할 수 있다.

네 가지 중심 키워드를 바탕으로 이 시집의 대표작들을 살펴보자.

1. 생성의 숨결 — 봄이 가르쳐준 함께 깨어남의 철학

다섯 편의 시 「봄날」, 「3월의 봄」, 「詩로 여는 3월」, 「경칩」, 「봄바람 난 것 맞지」는 단순히 봄이라는 계절의 풍경을 묘사하는 데서 멈추지 않는다. 그것들은 봄을 '생성의 과정'으로, 즉 생명이 움트고 관계가 깨어나며, 내면의 감각이 새롭게 열리는 '존재론적 순간'으로 제시한다.

봄은 이 시들 속에서 단순한 시기적 표지가 아니라, 시간과 존재, 인간과 자연의 관계를 새롭게 정의하는 철학적 계기이다. 봄은 생명만을 살려내는 것이 아니라, 잊고 있던 관계의 온기를 되살리고 내면 깊은 곳에 갇혀 있던 감각을 깨운다. 이는 곧 "함께 깨어남"의 메시지로 귀결된다. 나 혼자 깨어나는 것이 아니라, 주변의 모든 것과 호흡을 맞추며 깨어나는 봄의 철학이 이 작품군을 관통한다.

이 시들은 첫째, 감각의 구체성을 특징으로 한다. "푸르름이 가득하여", "갯가에 버들강아지", "텃밭 거름더미에서 모락모락 더운 김" 같은 시어들은 촉각·후각·시각을 동시에 자극하여, 독자가 그 장면 안에 들어선 듯한 체험을 하게 한다.

둘째, 시간의 흐름과 감정의 결을 맞춘 전개가 돋보인다. 「봄날」이 한껏 물오른 생명의 환희를 노래한다면, 「3월의 봄」은 봄볕에 견딜 수 없어 몸을 움직이게 되는 에너지를 담고 있고, 「詩로 여는 3월」은 봄 속에서 관계의 의미를 되새기며 약간의 쓸쓸함을 덧입힌다. 「경칩」은 땅과 생명의 맥박을 들려주며 본격적인 각성을 선포하고, 「봄바람 난 것 맞지」는 이미 깊이 들어온 봄의 숨결 속에서 현재를 자각하게 한다.

셋째, 자연과 내면의 일체감이 특징이다. 자연 현상이 곧 시인의 심리적 상태이자 인간관계의 은유로 작동한다.

독일 철학자 마르틴 하이데거는 "시는 존재를 집으로 부른다"고 했다. 여기서 '집'은 단순한 건물이 아니라, 존재가 자기 자신과 세계를 이해하고 편안히 머무를 수 있는 자리다. 봄을 그린 이 다섯 편의 시는 그 '집'을 다시 짓는 과정과 같다. 봄이라는 존재의 계절이, 자연과 인간, 내면과 외부를 하나의 장으로 불러 모으고 있다.

하이데거의 말처럼, 「봄날」의 푸르름과 "순결한 환희"는 존재가 제 자리를 찾았을 때 느끼는 안도감이다. 「경칩」의 "지구의 숨바꼭질"은 그 집을 찾기 위해 서로 부르고 응답하는 행위이며, 「3월의 봄」의 "어디고 떠나야겠다"는 집을 떠나 새로운 공간을 향해 나아가려는 모험이다.

또 「詩로 여는 3월」에서는 집이 두 개—'당신의 꽃산'과 '나의 꽃산'—로 존재하며, 그 사이의 철조망이 삶의 불가피한 거리감을 나타낸다. 그러나 봄의 온기는 그 거리를 잠시 허물어 주는 매개다. 「봄바람 난 것 맞지」에서는 이미 집 안으로 들어와 버린 봄이, 무심한 듯 시인의 일상 속에 스며들어 있다.

먼저 「경칩」에서 봄은 겨울의 침잠이 끝나고, "텃밭 거름더미에서/ 모락모락 더운 김"이 피어오른다. 이 장면은 모든 깨어남의 출발점이다. "땅의 맥박"은 단순한 자연 현상이 아니라, 인간 내면에 감춰진 의지와 가능성을 일깨운다. "지구의 숨바꼭질"이라는 표현은 존재의 비가시성을 시적으로 형상화한 것으로, 봄은 그것을 찾아내는 승리의 순간이다.

이렇게 깨어난 감각은 「3월의 봄」으로 이어진다. 여기서 봄은 가만히 있지 못하게 만든다. 유채꽃 향기와 산수유의 노란 빛은 정적인 겨울을 끝내고, "어디고 떠나야겠다"는 충동을 준다. 봄은 가만히 머무는 계절이 아니라, 몸과 마음을 이끌어 밖으로 나서게 하는 '행동의 철학'이다.

그러나 그 움직임이 단순한 쾌락으로 흐르지 않도록, 「詩로 여는 3월」이 등장한다. 이 시는 봄 속에서도 남아 있는 "철조망"을 보게 한다. 관계의 물리적·심리적 거리는 여전히 존재하며, 그 위에 피어난 꽃은 기쁨과 동시에 쓸쓸함을 준다. 그럼에도 불구하고 "한마음으로 온기를 느끼고 있네요"라는 마지막 구절은, 봄이 단순히 외부 환경의 변화가 아니라, 마음의 연대와 공존을 가능케 하는 계절임을 시사한다.

이제 「봄날」이 그 모든 감각을 환희로 끌어올린다. "푸르름이 가득하여/ 시선이 머물던 생명력이 넘치는" 장면은, 앞선 경칩과 3월의 움직임, 그리고 詩로 여는 3월의 내면적 교감을 하나로 묶어 준다. 봄은 감각과 정서, 관계와 존재가 모두 활짝 열린 상태를 의미한다.

마지막으로 「봄바람 난 것 맞지」는 이러한 경험의 내재화를 보여준다. 처음에는 "나는 모르고 있었다"로 시작하지만, 어느새 "나는 오월 속에 있다"는 자각에 이른다. 봄은 거창하게 맞이하는 것이 아니라, 이미 삶 속에 스며들어 있는 것이다. 이렇게 시는 생성의 순간이 일상의 일부가 되는 과정을 완성한다.

이 다섯 시는 '각성 → 움직임 → 성찰 → 환희 → 내재화'라는 흐름 속에서 하나의 서사를 이룬다. 독자는 이 연속성을 따라가며, 봄이라는 계절이 단순한 시간의 흐름이 아니라 삶의 구조를 변화시키는 과정임을 느끼게 된다.

이 시들은 낭만주의적 자연관과 현대 서정시의 내면성을 결합하고 있다. 낭만주의의 전통을 따라 자연을 인간 정신의 거울로 삼되, 단순한 감상에 머물지 않고 현대인의 고독, 관계의 거리,

그리고 내면의 성찰을 함께 담아낸다. 특히 「詩로 여는 3월」의 "철조망" 이미지는 목가적인 자연시를 비껴가, 현실의 복합성을 담는 현대 서정의 특징을 잘 보여준다.

이 작품군은 한국 시문학에서 계절시가 단순한 계절 찬미를 넘어서는 한 예를 보여준다. 1920~30년대의 계절시는 종종 풍경 묘사와 향토 정서를 강조했지만, 이 다섯 시는 그 전통 위에서 개인의 내면 서사와 관계 철학을 접목시켰다. 이는 계절시가 '정서의 배경'이 아니라 '철학의 무대'가 될 수 있음을 증명한다.

결국, 이 시들이 전하는 메시지는 명확하다. 봄은 오직 밖에서 피어나는 것이 아니라, 우리가 서로에게 깨어나는 그 순간 피어난다. 생성의 숨결은 내 안과 바깥, 너와 나 사이를 가로지르며, 봄을 단순한 시간적 사건에서 '존재의 축제'로 격상시킨다.

2. 고요한 시간의 무게 — 존재의 멈춤과 자연의 깊은 호흡

두 번째 소주제에 속하는 「8월의 나무」, 「비 그친 새벽 산에서」, 「유월」, 「장마」, 「일상에서의 멈춤 1」은 모두 '여름'이라는 계절적 배경을 공유하지만, 그 안에 담긴 철학적 메시지는 단순한 자연 묘사를 넘어선다.

이 시들은 '고요한 시간'과 '존재의 멈춤'이라는 주제 아래 서로 긴밀히 연결된다. 무더운 여름, 시끄러운 매미 소리와 후텁지근한 비바람, 그리고 그 사이사이의 침묵과 멈춤을 통해 시인들은 인간 존재의 무게와 자연과의 깊은 대화를 펼친다. 여름은 단지 폭발적인 생명의 계절이 아니라, 고요하고 무거운 '존재의 무게'를 체험하게 하는 시간이기도 하다. 이는 현대인의 분주한 삶과 대비되어, '멈춤'과 '인내'의 미학을 탐구하는 철학적 성찰로

기능한다.

이 다섯 시는 모두 자연과 인간 심리의 밀착된 조화를 보여 준다. 「8월의 나무」가 '생각에 잠긴 나무'로 의인화되는 동시에, 「비 그친 새벽 산에서」는 산과 인간의 '그리움'과 '희망'이라는 감정을 하나로 묶는다. 「유월」은 겉으로는 화려하고 생기 넘치지만, 그 이면에는 '우리네들의' 허기와 고단함을 담아 현실을 응시한다. 「장마」는 내리는 빗줄기와 무거운 마음이 병치되면서, 고통과 위로가 교차하는 시적 공간을 만든다. 마지막 「일상에서의 멈춤 1」은 반복되는 매미 소리와 그 안에 숨은 생존 전략, 그리고 그 속에서 발견한 '멈춤'의 자유로움을 섬세하게 그린다.

이들 시는 생생한 현장성, 내면의 침잠과 폭발적 감각의 교차, 그리고 일상과 자연의 연속성이라는 특징으로 독자의 감각과 사유를 동시에 자극한다.

프랑스 철학자 미셸 푸코는 "시간은 권력의 작용과 저항의 공간이며, 멈춤은 저항의 표현"이라 하였다. 여기서 '멈춤'은 단순한 정지나 게으름이 아니라, 현재를 온전히 직시하며 존재의 무게를 느끼고 자기 자신과 세계의 관계를 재정립하는 행위이다. 이 다섯 시는 바로 그러한 '멈춤'의 미학과 존재론적 통찰을 시적으로 구현한다.

푸코의 시선을 빌리면, 「일상에서의 멈춤 1」은 '멈춤'을 통한 저항과 자기 인식을 가장 명료하게 보여 준다. 매미들의 울음 속에서 삶의 본능과 창조적 생존 전략이 드러나며, 멈춤은 필연적 과정으로 그려진다. 「장마」에서는 무거운 먹구름과 '축축한 마음'이 일시적 정지의 공간을 만들어내고, '빗속'에서 다시 '빛'을 기다리는 기다림의 저항을 암시한다.

또 「유월」은 한여름의 생명력과 대비되는 인간의 고단함을 그려내어, 시간의 흐름 속에서 현실과 이상이 교차하는 공간을 보여 준다. 「비 그친 새벽 산에서」는 절벽으로 달려가는 새의 비유를 통해, 희망과 절망 사이에서 '텅 빈 존재'가 어떻게 자기 자리를 찾아가는지 탐색한다. 마지막으로 「8월의 나무」는 무더운 여름에도 변하지 않는 '푸르름'과 '철들지 않는 마음'을 노래하며, 존재의 굳건함과 일시적 평화를 상징한다.

먼저 「일상에서의 멈춤 1」을 중심에 두고 읽을 필요가 있다. 이 시는 여름의 소음과 분주함 속에서도, '멈춤'이라는 행위가 주는 깊은 자유와 해방감을 섬세하게 묘사한다. 매미의 울음소리가 "성질급한 놈", "느긋한 놈"을 짐작하게 하듯, 개개인의 생존 전략과 존재의 태도를 은유한다. "앞만 향하여/ 행진하다가/ 일상에서의 멈춤"을 통해 삶의 리듬을 재조정하고, 자연과 하나 되는 평온을 체험한다. 이는 시 전체가 '멈춤'을 통해 인간과 자연의 조화를 회복하는 메시지를 전달한다.

이 '멈춤'의 의미는 「장마」와 자연스럽게 연결된다. 빗줄기와 먹구름이 "마음은/ 솜이불처럼 축축하게" 적시며, 외부 자연과 내면 정서가 맞물린다. "태양아!/ 이 땅에 빨리 빛을/ 비춰 줘"라는 간절한 바람은 장마가 끝나야 새로운 삶의 국면이 열린다는 희망을 담는다. 이 시는 '멈춤'과 '희망'이라는 두 축으로 균형 잡힌 존재론적 공간을 보여준다.

여기서 「유월」이 자연과 인간의 대비를 확장한다. "개망초 흰 꽃무리"와 "뭉게구름"이라는 시각적 아름다움 이면에 "찬밥 몇 술 삼키는/ 우리네들"이라는 현실의 서늘함이 자리한다. 생명력 가득한 계절이지만 그 속에서 겪는 고단함과 상처는 존재의 불완전함을 드러낸다. 시는 여름이라는 활기 뒤에 숨겨진 고요한 슬픔과 인간 조건을 깊게 통찰한다.

이어 「비 그친 새벽 산에서」가 '그리움'과 '희망'의 대립 속에서 존재의 근본적인 빈자리와 마주한다. "절벽으로 달려가는 새"는 무한한 가능성을 향한 인간의 의지를 상징하며, '텅 빈 희망'은 그 과정의 필연적 불확실성을 보여 준다. 시인은 자연과 자신의 내면 풍경을 뒤섞어, 고독하지만 아름다운 존재론적 사유를 펼친다.

마지막으로 「8월의 나무」가 이 모든 흐름을 품으며 마무리한다. "철들지 마라"는 말은 삶의 무게에 눌려 고착되지 말라는 간절한 기도이자, 존재의 순수함을 지키고자 하는 염원이다. '푸르름'과 애처로운 "매미 소리"가 병치되며, 생명의 소멸과 지속이 공존하는 여름의 깊은 미학을 드러낸다. 시인은 여기서 '자연과 함께 머무르는 존재의 평화'를 조명하며, 고요하지만 무게 있는 여름철 존재론을 완성한다.

이 시들은 자연주의적 소재에 기반을 두되, 단순한 자연 묘사에 머무르지 않고 현대 서정시의 심리적 내면성과 실존주의적 사유를 결합한다. 특히 '멈춤'과 '존재의 무게'라는 주제는 20세기 후반 실존주의 철학과 긴밀히 연결된다. 시들은 자연의 변화를 통해 인간 존재의 불안, 고독, 희망, 그리고 자기 인식을 드러내며, 자연과 인간 심리의 경계를 허문다. 이는 전통적 자연시와 현대 내면시의 융합이라는 문예사조적 위치를 확고히 한다.

여름이라는 계절에 대한 시적 탐구는 한국 현대시에서 주로 열정과 폭발적 생명력의 상징으로 다루어졌다. 그러나 이 작품군은 여름의 '침묵과 멈춤', '무거운 시간'에 집중함으로써 계절시의 폭넓은 스펙트럼을 확장시켰다.

이는 한국 현대시가 계절을 통한 존재론적 성찰을 얼마나 심도 있게 다룰 수 있는지 보여주는 좋은 사례이며, 특히 '멈춤'과

'자연과의 공존'을 통해 현대인의 삶과 고뇌를 새로운 방식으로 재조명한 점에서 문학사적 의의를 갖는다.

3. 깊어지는 시간, 용서와 성찰의 계절

네 편의 시 「시월이 오면」, 「깊어가는 가을」, 「친정어머니」, 「11월 즈음」은 모두 '가을'이라는 계절을 배경으로 하여 '시간의 깊이'와 '내면의 성찰'을 탐구한다. 가을은 시적 화자의 마음에 자연과 인간, 그리고 세월이 교차하는 통로가 된다.

'깊어지는 시간' 속에서 화자는 삶과 죽음, 용서와 회개, 그리고 가족과의 연대를 생각한다. 이는 단순한 계절의 묘사가 아니라 존재론적 성찰의 장으로, 인간이 자신의 삶과 관계, 그리고 자기 자신을 다시금 바라보게 하는 시적 경험을 구현한다. 이러한 시적 모티프는 한국 현대시에서 '계절'이라는 소재를 통해 인간 내면을 탐구하는 중요한 전통을 잇는 동시에, 개인과 공동체, 과거와 현재가 공명하는 독특한 미학을 보여준다.

이 시들은 모두 서정적 정서와 이미지의 풍부함이 두드러진다. '시월'과 '가을'의 상징성을 적극 활용하면서도, 지나친 관념적 추상에 머무르지 않고 구체적인 일상과 기억을 통해 독자를 사로잡는다. 예를 들어 「친정어머니」에서 "흰 명주 손"과 "쪽빛 대양" 같은 시각적 이미지가 고스란히 인간 삶의 고단함과 온기를 전달하며, 「11월 즈음」에서는 "덜컹거리는 베란다/ 창문 소리"와 "손주들이/ 따다 놓은 은행잎 단풍잎" 같은 작은 디테일이 시적 공간을 생생하게 만든다.

시들은 연속성과 순환성을 내포하며, 각 시가 독립적인 정서적 완결성을 지니면서도 '가을'이라는 매개를 통해 유기적으로 연결된다. 시어의 리듬과 호흡도 안정적이고 자연스러워, 독자가 마치 산책하듯 시적 시간 속을 거닐 수 있게 한다. 시적 화자는 가을이라는 시간의 흐름 속에서 존재론적 자각을 경험하고, 과거와 현재, 자기 자신과 타인을 새롭게 이해한다.

특히 「시월이 오면」은 '시간의 시작과 새로운 출발'을 알리는 신비로운 순간으로 그려진다. "토끼풀"을 깔고 "별들"까지 초대하는 시월의 풍경은 존재가 시간 속에서 새롭게 태어나는 장면이다.

반면 「깊어가는 가을」에서는 "사람 향한 그리움"과 '회개의 기도'가 어우러져 시간이 주는 성찰과 치유의 힘을 노래한다. 「친정어머니」는 세월이 쌓인 "흰 명주 손"과 "아린 아픔"이라는 이미지를 통해 시간의 무게와 가족애를 깊게 느끼게 하며, 「11월 즈음」은 낙엽과 바람, '덜컹거리는 창문 소리' 속에서 시간의 흐름과 내면의 고독을 생생하게 그려낸다.

이 시들은 각각 시간의 단면을 포착하면서도, 시간과 존재의 관계를 치열하게 성찰하는 일관된 흐름을 보여준다.

먼저 「시월이 오면」에서 "땅이 마음을 여는" 순간은 존재가 시간과 만나 새롭게 태어나는 신성한 공간이다. "거짓의 고통에/ 물들지 않도록/ 사랑해야지"라는 결의는 시간의 흐름 속에서도 '진실한 존재'로 머무르려는 의지를 드러낸다. 시월의 '춤'은 시간의 순환과 생명의 리듬을 상징하며, 시인은 자연과 인간이 함께 '초대받는' 존재임을 선언한다.

다음으로 「깊어가는 가을」은 시간의 축적이 내면에서 '회개의 기도'로 변하는 모습을 섬세하게 묘사한다. "조그만 도토리 하나"가 "내 안의 참회를/ 일구어 내"는 이미지는 작은 변화가 개인 존재의 성숙과 변화를 의미함을 암시한다. 이 시에서 "사람을 용서하며 "삶을 사랑하"는 자세는 시간의 성찰적 측면과 직접적으로 연결된다.

이어 「친정어머니」는 가을과 시간의 주제를 가족사와 연결시키며, "흰 명주 손"과 "쪽빛 태양"이 세월의 깊이를 형상화한다. "밤새워 깁고 깁는 공허한 여백"은 인생의 고단함과 그럼에도 불구하고 "진박한 미소"로 삶을 감싸는 어머니의 모습을 통해 인간 삶의 아이러니와 애잔함을 담아낸다. 이 시는 시간을 매개로 한 가족애의 보편적 주제를 탐구하며, 세대 간의 삶의 무게를 시적으로 재현한다.

마지막으로 「11월 즈음」은 '단풍과 은행잎'이 떨어지는 마당 풍경을 통해 시간의 덧없음과 내면의 고독을 환기한다. "거친 바람"과 "피폐해진 내 마음"은 세상과 자아가 맞부딪히는 순간을 상징하며, "석양이 오기 전/ 멈추길" 기도하는 마음은 삶과 죽음, 시작과 끝 사이의 미묘한 긴장을 포착한다. 이 시는 시간의 흐름에 대한 정서적 응답이자, 존재론적 불안과 희망의 교차점이다.

이들 시는 인과적 순서뿐 아니라 '시간'과 '성찰'이라는 주제를 따라 자연스럽게 연결된다. '시월'이라는 시작점에서 출발해, '깊어가는 가을'을 거쳐 '친정어머니'의 세월과 '11월 즈음'의 내면 풍경으로 이어지는 서사는 시간의 흐름을 따라 존재가 점차 심화하는 모습을 보여준다.

이 시들은 한국 현대시에서 계절을 통한 서정적 사유의 전통을 잇는 동시에, 실존주의적 시간 철학과 융합된 독특한 서정미학을 보여 준다. 자연 묘사가 인간 내면과 분리되지 않고 긴밀히 결합되어, '시간'을 통해 존재의 본질을 탐구하는 현대적 성찰시의 전형을 이룬다. 특히, '가을'이라는 계절이 단순한 배경이 아니라

'회개', '용서', '성찰', '고독' 같은 보편적 인간 경험의 상징적 장치로 활용되어 깊이를 더한다.

이 작품들은 한국 현대시의 '계절 시' 장르를 한층 성숙시키고 확장시켰다. 가을을 단순한 자연 현상으로 묘사하는 대신, 내면의 시간성, 가족사, 삶의 깊이를 담아내는 데 성공했다. 이는 한국 서정시가 어떻게 시간과 존재의 문제를 문학적으로 재해석하고, 독자에게 보편적 공감을 불러일으키는지를 보여주는 중요한 사례다. 나아가, 이 시들은 시간의 흐름 속에서 인간이 어떻게 자기 자신과 세상을 이해하는지에 관한 심오한 질문을 던지며, 한국 현대시의 존재론적 탐구를 대표하는 작품군으로 평가할 만하다.

4. 시간 속의 빛과 그림자 – 존재의 서정과 희망의 순간들

다섯 편의 시 「첫눈이 내리는 날」, 「소한 추위」, 「기쁨」, 「태백산」, 「새해를 맞이하면서」는 시간의 흐름 속에서 인간 존재가 맞닥뜨리는 '빛과 그림자'를 그려낸다. 특히 계절과 날씨, 그리고 일상의 풍경 속에 인간의 내면을 투영하며 '기쁨과 고독', '희망과 성찰', '과거와 미래'가 교차하는 복합적인 정서를 탐구한다. '첫눈'과 '겨울', '새해'라는 시간적 배경은 인간 존재가 맞는 새로운 시작과 그 안에 감춰진 불확실성, 그리고 삶의 소소하지만 깊은 의미를 상징한다.

특히, 시들은 '시간'이라는 무형의 공간 안에서 '관계', '기억', '희망'이라는 보편적 주제를 서정적으로 풀어내면서, 존재론적 사유와 감성적 울림을 동시에 갖춘다. 이로써 시들은 삶의 소중한 순간들이 얼마나 복잡하고 다층적인 의미를 내포하는지를 드러내며, 독자로 하여금 자신의 존재를 깊이 돌아보게 한다.

이 시들은 자연의 이미지와 인간 감정이 밀접하게 연결된 서정
시의 전형을 보여준다. 「첫눈」과 「소한 추위」는 차갑고 깨끗한
이미지 속에 '설렘'과 '내면의 불안'을 동시에 품으며, 「기쁨」은
가장 단순하지만 순수한 감정의 순간을 포착한다. 또 「태백산」
과 「새해를 맞이하면서」은 각각 '삶의 깊이와 무게', '새해의 다
짐과 희망'을 서사적이며도 감각적으로 묘사한다.

각 시는 독립적인 정서와 주제를 가지면서도, '시간의 흐름'을
매개로 자연스럽게 연결된다. 시어는 때로는 단순하고 직설적이
며, 때로는 함축적이고 상징적이다. 전체적으로 부드러운 호흡과
리듬감이 돋보이며, 독자에게 일상의 소중한 순간을 느끼게 하
는 정서적 몰입감을 제공한다.

프랑스 철학자 앙리 베르그송은 "진정한 시간은 내면에서 느
껴지는 지속이며, 그것은 외적인 시계의 시간과 다르다"고 말했
다. 이 명언은 이 시집의 핵심적인 시간관과 맞닿아 있다. 시들은
외부 세계의 '겨울'과 '첫눈' 같은 객관적 시간뿐 아니라, 개인 내
면에서 체험하는 '기쁨', '그리움', '희망' 등의 지속적이고 유동적
인 시간을 포착한다. 베르그송의 내면 시간 철학은 시들이 보여
주는 '시간의 두 얼굴'을 이해하는 데 중요한 철학적 배경이 된
다.

베르그송의 '내면의 지속'이라는 관점으로 보면 「첫눈이 내리
는 날」은 순수한 내면의 설렘과 어린 시절의 동심으로의 회귀를
보여준다. '하얀 꽃잎처럼' 내리는 첫눈은 단순한 기상 현상이
아니라, 내면의 순수성과 희망의 상징이다. 이어 「소한 추위」는
외부의 차가운 계절이 내면의 고독과 염려, 그리고 소소한 위로
를 함께 불러오는 순간을 묘사한다.

또 「기쁨」은 내면에서 자연스럽게 솟아나는 웃음과 행복을 담담하게 그리며, 삶의 단순한 순간들이 지니는 충만함을 말한다. 「태백산」에서는 시간의 무게와 함께 삶의 '좋을 때'를 인정하고 받아들이는 성숙한 시선이 드러난다. 마지막으로 「새해를 맞이하면서」는 새해를 맞이하며 자신과 타인에게 선물이 되고자 하는 희망과 결의를 담는다.

　이 시들은 내면의 시간과 외부의 시간이 서로 어우러져 '존재의 총체'를 그려내는 점에서 깊은 통일성을 갖는다.

　먼저 「첫눈이 내리는 날」은 "하얀 꽃잎"을 통해 '순수'와 '새로움'을 상징한다. 눈이 "하염없이 뿌려준다"는 표현에서 내면의 순수한 설렘과 세상에 대한 새로운 기대가 묻어난다. "얼었던 나뭇가지"가 "새벽 바람 사이로// 얼굴" 내민다는 구절은 얼어붙은 시간 속에서도 생명이 깨어나고 있다는 희망적 메시지를 전달한다. 특히 "동심으로 돌아가"라는 대목은 시간 속에서 잃어버린 순수와 꿈을 되찾고자 하는 인간의 내면 욕망을 잘 표현한다.

　다음으로 「소한 추위」는 "날씨가 춥다/ 마음도 춥다"는 선명한 대비로 시작해, 계절의 냉기를 내면의 고독과 연결시킨다. 슈베르트의 "겨울 나그네"를 "순례자"에 비유하며, 시인은 외롭고 힘든 시간을 견뎌내는 인간 정신의 투쟁과 여정을 은유한다. "그대 안위에 맘이 쓰였소"는 타인에 대한 배려와 사랑이 고독 속에서도 우리를 따뜻하게 만드는 힘임을 보여준다. 또 "내 걸음으로 세상 가기도/ 쉽지 않다"는 마지막 구절은 현실의 무게와 인간의 고독을 실감나게 드러낸다.

　「기쁨」은 가장 단순하고 직접적인 감정 묘사다. "기쁨이란 뭐냐"고 묻지 말라며 "그저 웃음으로 마음이 찬다"는 표현은 감정을 언어로 정의할 수 없음을 인정한다. 이는 시적 감수성의 진솔함을 나타내며, 행복의 순간이 "하늘마저 다정한 아버지 같다"
는 비유에서 인간 존재와 우주의 조화, 그리고 사랑의 온기를 엿
볼 수 있다.

「태백산」은 삶의 무게와 시간의 경과를 자연에 투영한다. "눈
이 내리는 산등성"과 "칠십 고개"를 넘어선 연령은 인생 여정의
고난과 극복을 상징한다. "좋을 때다"라는 반복 구절은 현재 순
간의 소중함과 인생의 긍정적 시각을 강조하며, 주목이 "허옇게
눈을 뒤집어쓰고 서" 있다는 이미지는 자연과 인간의 '시간'을 견
디는 공존의 메시지다.

마지막 「새해를 맞이하면서」는 새해의 시작을 맞아 "일기장을
펴며/ 한 해를 돌아본다"는 장면으로 서정시의 전통을 잇는다.
"귀인"이라는 단어는 인생에서 만난 소중한 인연과 선물을 상징
하며, "세상을 조금 더 희망 쪽으로 밀어올린/ 선업"은 시인의 사
회적 책임과 이상을 반영한다. "누군가의 선물이 되고 별의 시간
이 되는 귀인"이라는 희망찬 다짐은 시간 속에서 존재의 의미를
확장하는 인간 정신의 고양을 보여준다.

이처럼 다섯 편의 시는 '첫눈과 겨울'이라는 시간적 배경 아래,
내면의 감정과 존재의 의미를 다층적으로 탐색한다. '순수', '고
독', '기쁨', '성찰', '희망'이라는 주제들이 자연스럽게 흐르며, 각
각의 시가 마치 삶의 한 챕터처럼 연결된다. 재질의 변화가 인간
내면의 심리적 변화를 반영하는 거울로 작동하며, 시적 화자는
그 속에서 자기 자신과 세계를 동시에 직시한다.

이 작품들은 한국 현대서정시에서 '시간과 존재'라는 주제를
심도 있게 탐구하는 전통에 충실하면서도, 개인 내면의 미세한
감정 변화를 섬세히 포착하는 '심층서정'의 전형을 보여준다. 특
히 '겨울'과 '첫눈'이라는 자연 현상을 통해 인간 내면의 변화무

쌍한 정서를 표현한 점에서 낭만주의적 자연 서정과 실존주의적 내면 탐구가 조화를 이룬다.

무엇보다 자연과 인간, 과거와 미래, 고독과 기쁨의 대비를 통해 '시간의 지속'에 대한 깊은 통찰을 선사하며, 독자에게 일상에서 쉽게 지나칠 수 있는 순간들의 아름다움을 되새기게 한다.

이 시들은 한국 현대시에서 '계절과 시간'을 주제로 한 서정시의 폭과 깊이를 확장한 면이 크다. 특히 '겨울'이라는 엄혹한 계절 속에서 인간 내면의 다층적 감정을 포착하며, 단순한 자연 묘사를 넘어 '존재론적 시간성'을 드러냈다. 또한, '기쁨'과 '고독'이 공존하는 복합 정서를 통해 현대인의 삶에 대한 진솔한 성찰을 제시한다.

이는 한국 현대시가 어떻게 일상과 철학, 감성을 결합하여 현대인의 내면을 심도 있게 탐구하는지를 보여주는 중요한 예이다. 나아가, 이 시들은 시간과 존재에 관한 보편적 질문을 담아내어 국내외 문학사에서 서정시의 한 획을 긋는 의미 있는 작품으로 자리매김한다.

지금까지 네 가지 키워드로 살펴 본 조정미 시 세계의 첫 번째 특징은 '일상과 존재의 미학적 전환'이다. 시인은 평범한 일상의 순간을 포착해 그것을 존재론적 의미로 전환하는 탁월한 감각을 지녔다. 예컨대 일상적 행위나 풍경 속에서 삶의 무게와 희망, 고독과 연대를 동시에 읽어내며, 평범한 것들에 내재한 깊은 의미를 환기시킨다. 이 과정에서 시는 단순한 정서 표현을 넘어 철학적 사유의 장이 된다.

두 번째는 '자연과 인간의 심층적 교감'이다. 조정미의 시에서는 자연이 단순한 배경이 아니라, 인간 내면의 감정과 존재론적 질문을 투영하는 거울 역할을 한다. 자연과 인간은 서로 영향을 주고받으며 하나의 유기체처럼 연동된다. 특히 계절의 변화, 자연 현상의 미세한 움직임이 인간의 감정 변화와 맞물려 드러나는 점이 특징적이다. 이러한 교감은 독자에게 자연 속에서 자신의 존재를 되돌아보는 깊은 체험을 선사한다.

세 번째는 '시간과 관계의 다층적 서술'이다. 시인은 시간의 흐름 속에서 존재가 어떻게 변화하고 관계 맺음이 형성되는지를 섬세하게 묘사한다. 과거, 현재, 미래가 교차하며 인간의 내면과 외부 세계가 끊임없이 대화하는 형식을 띤다. 이를 통해 개인적 기억과 집단적 경험, 그리고 자연과 인간의 관계가 복합적으로 엮이며 시적 세계를 풍성하게 만든다. 조정미 시인의 이러한 다층적 서술 방식은 한국 현대시에서 보기 드문 입체적 서정성을 형성한다.

이 세 가지 특징은 함께 어우러져 조정미 시 세계만의 독특한 미학적 색채를 완성한다. 일상 속 존재의 순간들을 자연과 시간, 관계와 내면을 포괄하는 폭넓은 시선으로 바라보며, 독자가 삶과 존재에 대한 깊은 성찰과 감동을 경험하게 하는 점이 뛰어나다.

조정미 시인은 한국 현대시에서 일상과 존재, 그리고 '멈춤과 깨어남'이라는 주제를 섬세하고 독창적으로 구현한 시인으로 평가받을 만하다. 그녀의 시는 일상에서 흔히 지나치는 순간들을 포착해 존재의 본질을 깊이 탐구하며, 단순한 감정 표현을 넘어 철학적 사유와 미학적 성찰을 담아낸다. 이러한 특성은 현대인들이 빠른 속도와 정보 과잉 속에서 잃어버리기 쉬운 내면의 평정과 삶의 의미를 다시 되찾게 하는 데 강한 공감과 위로를 제공한다.

조정미 시인의 문학적 위상은 기존 자연시나 서정시의 틀을 넘어, 인간과 자연, 시간과 존재를 유기적으로 결합하는 통합적 서정 세계를 구축했다는 점에서 두드러진다. 그녀는 자연을 단순한 배경이 아닌 '공동체의 일원'으로 묘사하며, 인간과 자연, 그리고 타인과의 관계 속에서 존재의 의미가 어떻게 확장되고 변화하는지를 탐구한다. 이러한 시적 시도는 한국 문단에서 독창적인 미학으로 인정받으며, 현대 서정시의 새로운 가능성을 제시한다.

독자에게 조정미 시인의 시는 단순히 읽는 대상이 아니라 내면을 성찰하고 감각을 일깨우는 '체험'이 된다. 시는 반복되는 일상에 숨어 있는 생명력과 존재의 신비를 환기시키며, 독자가 삶의 속도를 잠시 늦추고 '멈춤'을 통해 자기 자신과 세상을 새롭게 바라보게 만든다. 이는 독자 개개인에게 깊은 감동과 치유, 그리고 삶에 대한 새로운 인식을 선사한다.

결국 조정미 시인은 섬세한 언어와 깊은 철학적 사유를 통해 한국 현대시에서 독자적인 위상을 확립했으며, 앞으로도 현대인의 내면과 삶의 본질을 탐구하는 중요한 시인으로서 지속적인 문학적 발전 가능성을 갖고 있다. 그녀의 시가 한국 문단에 던지는 메시지는 '일상의 순간들 속에 숨어 있는 존재의 의미를 재발견하라'는 것으로, 이는 오늘날 우리 시대가 절실히 필요로 하는 문학적 가치를 담고 있다.

그림과책 시선 337

일상에서의 멈춤

초판 1쇄 발행일 _ 2025년 9월 22일

지은이 _ 조정미
펴낸이 _ 손근호

펴낸곳 _ 도서출판 그림과책
출판등록 2003년 5월 12일 제300-2003-87호

03924 서울특별시 마포구 월드컵북로54길 17 821호
        (상암동, 사보이시티디엠씨)
        도서출판 그림과책
전화 (02)720-9875, 2987 _ 팩스 (02)720-4389
도서출판 그림과책 homopage _ www.sisamundan.co.kr
후원 _ 월간 시사문단(www.sisamundan.co.kr)
E-mail _ munhak@sisamundan.co.kr

ISBN 979-11-93560-44-0(03810)

값 12,000원